AF359490

LA

PÊCHE AUX ROCHERS

NOTIONS ÉLÉMENTAIRES D'HISTOIRE NATURELLE

SÉRIE D'ARTICLES

Publiés dans le journal le « Pays de Caux »

À

SAINT - VALERY - EN - CAUX

PAR

MARTIN PÊCHEUR

1887

IMPRIMERIE DE EUGÈNE DANGU (*Journal le Pays de Caux*)

SAINT-VALERY-EN-CAUX.

SAINT-VALERY-EN-CAUX, IMPRIMERIE DE EUG. DANGU

PRÉFACE

Le temps était splendide au mois d'août 188...
et la chaleur envoyait en flots sur les plages les
habitants torréfiés des grandes villes. Dès la
première semaine des vacances, l'exemple général
nous sembla bon à suivre, et notre nombreuse
tribu s'embarqua joyeusement pour le joli petit port
de Saint-Valery-en-Caux. C'était moi qui l'avais
découvert l'année précédente ce charmant petit
coin oublié, entre Dieppe et Fécamp, et j'entraînais
en pays inconnu notre famille patriarcale composée
de mon père et ma mère, ma sœur et ses deux fils,
plus deux ménages sans enfants, de cousins et
cousines.

J'étais fier de ma trouvaille! Mais à quoi tient la
gloire humaine? Au bout de deux jours, ma sœur
et mes cousines, habituées à l'élégant tapage de
Dieppe, de Trouville ou de Boulogne, s'ennuyaient
à mourir, et je compte dans les plus mauvais
moments de ma vie une après-midi passée en
famille sur la terrasse du Casino. Oh! cette après-
midi! je crois y être encore; j'ai devant les yeux
les bouderies, charmantes il est vrai, de ces dames,

mais qui n'en étaient pas moins des bouderies; et ces aiguilles tirées rageusement dans la tapisserie, et ces écheveaux qu'on me faisait tenir pour expier mon erreur! Avoir procuré une saison ennuyeuse à trois jeunes dames, c'est un supplice que le Dante a oublié dans son enfer!

Après quelques instants d'un silence gros d'orage, ma sœur, abandonnant son ouvrage avec découragement, s'écria :

« Tu sais, frère, quand tu dénicheras, dans les trous des falaises, des plages où on ne change pas de toilettes et où on danse trois fois par semaine, tu iras y vivre deux mois dans la contemplation perpétuelle, mais tu ne nous y emmèneras plus ».

Moi, très gravement. — La saison des bains de mer est faite pour se reposer, c'est du moins, Mesdames, ce que vous répétez pendant tout l'hiver aux malheureux maris que vous traînez au bal chaque soir; j'en appelle à ces messieurs ?

Première Cousine. — N'en appelez pas ! Ils seraient de votre avis sans avoir rien entendu; les hommes sont toujours d'accord contre nous autres, pauvres femmes.

Moi, bas en riant. — Oui ! pauvres femmes sans défense ! !

Deuxième Cousine.— Les apartés sont défendus !

Mais parlons sérieusement là, en conscience, trouvez-vous cette plage amusante ?

Moi. — Certainement.

Ma Sœur, sautant en l'air. — Comment ? certainement ! Eh bien, tu sais défendre ton œuvre, au moins toi ; tu as un aplomb stupéfiant.

Moi. — Prenez vous-en à moi de votre ennui si cela vous fait plaisir, mesdames ; je suis trop poli pour vous contester ce droit, mais accordez-moi aussi que vous ne faites rien pour le dissiper, absolument rien.

Première Cousine. — Proposez - nous des distractions, vous en serez récompensé...

Moi. — ?...

Première Cousine.— ...dans ce monde ou dans l'autre.

Moi. — Ah ! merci bien !

Deuxiéme Cousine. — Allons, faites votre énumération, j'écris sous la dictée ; aurez-vous fini pour l'heure du diner ?

Moi, très sérieusement. — Je l'espére. Attention maintenant : prenons d'abord vos plaisirs favoris : 1º trois bals par semaine.

Ma Sœur. — Nous n'en manquons jamais, passe !

Première Cousine. — A la porte les inter-rupteurs ! continuez Léon.

Moi. — 2° Des représentations de temps en temps (silence, personne ne bouge) ; 3° les bains ; 4° les promenades, tous ces environs sont magni-fiques, je vous assure...

Ma Sœur.—N'assure rien, on te croit sur parole, va toujours.

Moi, bravement. — Et puis... et puis la pêche (très-vite). C'est amusant et intéressant à la fois, il y a tant à observer, à étudier dans ces rochers, on y fait de l'histoire naturelle en action, comme la morale et....................................

Ma Sœur. — Tais-toi, barbare ! Il divague, mesdames, mon frère·devient fou ! Il va bientôt nous proposer de nous apprendre le latin en fait de distraction !

Moi, ahuri. — Pourquoi pas ?

Ma Sœur, sursautant. — Quand je vous le disais ? Léon, je te ferai enfermer ! tu deviens dangereux !

Moi. — Eh bien oui, tu me rendras fou ! Qui te parle de latin ? Je suivais ma pensée ; pourquoi ne ferions nous pas en société un peu de zoologie ?

Ma Sœur, moqueuse. — C'est tout ce que tu as à dire sur le chapitre plaisir à la plage ?

Moi. — Oui, ce n'est pas ma faute si vous refusez tout ce que je mets en avant.

Première Cousine. — Tout ! Que nous offrez vous en plus de ces délicieuses parties de pêche ?

Moi. — Ma personne pour vous faire danser et vous servir de guide si l'idée des excursions vous prenait.

Première Cousine. — Et alors, gare la botanique !

Ma Sœur. — Réponds donc que tu ne voudrais pas nous rendre jalouses en t'occupant devant nous des qualités de nos semblables.

Moi. — Jamais ! les chardons et les orties pullulent dans ce pays.

Ma Sœur. — Insolent !... Tu sais, si tu tiens absolument à faire le maître d'école, je t'abandonne mes fils, et d'autant plus volontiers que je n'aurai plus l'ennui de les surveiller.

Moi. — J'accepte ! Seulement, si j'en perds un dans nos promenades, tu ne m'en voudras pas; tu as constaté toi-même que je suis fou !

Ma Sœur. — Bien, bien, conclu! Si tu les perds, je te prends pour les remplacer.

Ce qui avait été décidé ce jour-là fut ponctuellement exécuté; je devins le professeur en titre de mes neveux, deux collégiens de douze à quatorze ans, et cela pendant les deux mois de vacances. Je détache de nos conversations scientifiques la partie exclusivement relative à la pêche aux rochers pour la mettre à la disposition des petits pêcheurs amateurs qui, avant de livrer leur butin à la cuisinière, voudraient faire comme les grands étudiants et disséquer, eux aussi, leur sujet.

PREMIÈRE PARTIE DE PÊCHE

LE CRABE

C'était le quatrième jour des vacances, à cinq heures du matin, le temps était beau et clair et la température favorisait les expéditions matinales. Raoul et Georges, qui voyaient cette année la mer pour la première fois, gambadaient de joie à la pensée de courir sur ce beau sable doré qui s'étend devant le Casino de Saint-Valery, d'escalader les grands rochers qui bordent la falaise, enfin de faire mille folies après la longue réclusion de dix mois de lycée.

Pour ce jour-là nous n'avions emporté aucun engin de pêche; nous devions seulement explorer la plage pour trouver les bons endroits et reconnaître les passages difficiles ou dangereux. Cependant, à peine le pied posé sur le sable, mes polissons s'étaient mis à courir après les crabes qui se promenaient çà et là avec leur allure grotesque, et c'étaient des explosions de joie, des cris de triomphe, chaque fois qu'ils découvraient un de ces malheureux sous une pierre ou dans un trou de rocher! Ils en avaient rempli leurs grands chapeaux de jonc et voulaient tout rapporter à la maison, mais l'espèce qu'ils avaient prise étant d'une saveur détestable je leur fis remettre en liberté tous les prisonniers, sauf deux, que je destinais à mourir martyrs de la science.

La mer commençait à remonter, nous quittâmes la plage et, chemin faisant, la conversation roula sur les crabes, tourteaux et autres individus de même famille. Comme tous les enfants, Raoul et Georges ne me ménagèrent pas les questions :

« Mon oncle, qu'est-ce qu'ils mangent? Vivent-ils long-temps? Ont-ils beaucoup de petits ? etc., etc.

Pour ne pas donner à mes jeunes lecteurs la fatigue de suivre une conversation à chaque instant interrompue et coupée d'exclamations, de rires, de réflexions, je résume ce que j'ai dit ce jour-là à mes neveux.

Vous connaissez, à Paris, l'innombrable armée de balayeurs, eh bien! les deux individus que voici sont leurs collègues; ce sont les balayeurs des plages.

Les crabes sont extrêmement voraces, aussi dévorent-ils tous les débris organiques que la mer dépose sur ses rivages : les zoophytes arrachés par la tempête des profondeurs de l'Océan, les gros poissons échoués près des côtes, les cadavres d'hommes et d'animaux provenant des naufrages ; Michelet nous les montre même, dans certaines contrées où ils vivent en troupes innombrables, dangereux pour les hommes blessés. Cependant ils ne se nourrissent pas exclusivement de chair morte, ils s'attaquent aussi aux petits poissons, aux mollusques, et même aux individus de leur espèce plus faibles qu'eux, comme la crevette, la salicoque ou palémon.

Les crabes habitent ordinairement dans les anfractuosités des rochers ou sous les pierres d'un volume un peu considérable ; c'est la nécessité de remuer à chaque instant ces fragments de roches qui en rend la pêche si fatigante et fait qu'on l'abandonne complètement aux pêcheurs de profession. La femelle met au monde de 5 à 600 petits qui n'atteignent l'âge adulte qu'au bout d'un an environ.

Mais, me direz-vous, comment peuvent-ils se développer, serrés qu'ils sont dans cette espèce de cuirasse ? Oh ! le moyen employé par la nature pour permettre leur croissance est fort simple : Quand vos vêtements sont devenus trop étroits, que faites-vous ? Vous en changez pour d'autres à votre taille ; eh bien, les crabes font de même. Une fois par an, au moment de la mue, ils sortent de leur carapace sans la briser, comme un soldat retirerait sa cuirasse ; au-dessous, ils ont une seconde enveloppe en rapport avec leur nouvelle corpulence, qui, molle d'abord comme du parchemin, acquiert bientôt la dureté de la première.

Cependant ce changement de costume n'est pas sans

danger pour tous; quelques-uns meurent des efforts qu'ils ont faits pour quitter leur carapace; d'autres, lorsque la croûte calcaire n'est pas encore formée, sont dévorés par d'autres animaux, écrasés sous des pierres, enfin succombent à mille accidents dont les préserve d'ordinaire leur solide vêtement. On attribue aux crabes une longévité remarquable en s'appuyant sur ce fait que, dans les pays où l'homme ne leur fait pas la chasse, comme autrefois en Amérique, ils atteignent des proportions colossales; particularité qui indiquerait en même temps, qu'ils n'ont pas comme les animaux supérieurs un terme à leur croissance.

Pendant cette explication préliminaire nous étions rentrés à la maison, l'ardeur de mes deux néophytes était si grande qu'il fallut immédiatement aborder le côté aride et exclusivement scientifique de la question. Je posai donc les deux « sujets » sur une table et, armé d'un scalpel, je commençai ma leçon avec la même gravité qu'un professeur du Collège de France devant un nombreux auditoire. L'espèce crabe appartient à l'embranchement des annelés ou arthropodes (*annulus*, anneau, αρθρον, article, πους, gén. ποδος pied), à la classe des crustacés (*crusta*, croûte), à la sous-classe des décapodes (δεκα dix, πους pied) et se divise elle-même en une trentaine de familles.

Le corps, comme vous pouvez le voir, est à symétrie bilatérale et présente une face dorsale ou hématique, et une face ventrale ou neurale.

L'exosquelette, appelé vulgairement coquille, dans la constitution duquel domine le carbonate de chaux (Ca O C O2) est formé de deux couches superposées et intimement liées l'une à l'autre, la couche supérieure ou chitineuse, analogue à la cellulose, est une véritable cuticule produite par la sécrétion de la couche chitinogène. Dans la couche chitineuse, on trouve deux principes colorants : le rouge dû à des cellules pigmentaires et le bleu produit par un nombre infini de petits corpuscules quadrangulaires ; cette dernière teinte disparaît sous l'influence d'un nombre considérable de réactifs et principalement à l'action de la chaleur.

Cette carapace des crustacés peut être aussi regardée comme une sorte d'épiderme, car au-dessous d'elle le corps de l'animal est recouvert d'une peau qui correspond au derme de animaux supérieurs ; cependant son rôle est analogue à celui du squelette puisqu'elle donne insertion aux muscles.

Le corps de ces crabes, quoi qu'il soit assez difficile de le constater, faute d'habitude, est composé d'un certain nombre de segments appelés somites ou zoomites (σῶμα, corps ; ζῶον, animal), mais cette division est peu apparente à cause du développement considérable de la partie céphalo-thoracique, ce qui fait qu'au premier abord les apprentis naturalistes hésitent à placer le crabe et la crevette, par exemple, dans la même catégorie d'êtres. Cependant, si la ressemblance entre eux n'est pas parfaite, au moins leur accorderez-vous un certain air de famille, et, en les étudiant plus attentivement, vous découvrirez que la structure de leur squelette externe est la même, et que toute la dissemblance consiste dans la différence de proportions des parties correspondantes.

Maintenant, examinez attentivement l'aspect extérieur de nos sujets; commençons par la partie céphalique. Ces deux petites perles noires qui semblent du jais brillant, ce sont les yeux. Ils sont conformés comme ceux des insectes; chez quelques crustacés ils sont simples, mais chez le crabe ils sont composés, c'est-à-dire formés d'une quantité de petits yeux microscopiques juxtaposés et soudés les uns aux autres; leurs filets nerveux particuliers se perdent tous dans un renflement unique du nerf optique.

Voyez-vous maintenant ces petites cornes allongées d'apparence filiforme? Ce sont les antennes. À leur base se trouve l'oreille; elle est fort simple, contrairement à celle des mammifères, et formée d'un petit tympan et d'un vestibule où flotte, dans un liquide particulier, correspondant au périlymphe ou endolymphe, l'extrémité du nerf auditif. La science n'a, jusqu'ici, aucunes notions certaines sur les sens de l'olfaction et de la gustation des crustacés; le toucher, s'il n'est pas complètement nul, doit nécessairement être fort peu distinct étant donnée l'épaisseur de l'enveloppe qui recouvre le corps de l'animal.

Passons à l'appareil masticateur: Voici, en avant, une sorte de lèvre étendue dans le sens transversal, puis une paire de mandibules, une seconde lèvre, les mâchoires proprement dites et les organes préhenseurs ou pattes-mâchoires. Cette transformation de quatre pattes en organes de mastication fait que les crabes ne possèdent que cinq paires de pattes partant des anneaux thoraciques, au lieu de sept paires, nombre ordinaire chez les crustacés.

Remarquez maintenant, entre les pattes, cette sorte de petite queue repliée contre la paroi thoracique, c'est l'abdomen; il est ainsi disposé parce que les crabes, étant conformés pour la marche et non pour la natation, n'ont pas besoin de cette nageoire terminale que portent les homards, les écrevisses et autres crustacés nageurs.

Nous connaissons l'extérieur de l'animal; faisons un peu de dissection pour étudier l'anatomie interne. Cette étude, quoique assez simple dans ses principaux traits, demande un peu plus d'attention que les observations préliminaires faites tout à l'heure.

Il paraît que cette partie du programme était le clou de la leçon, car les deux naturalistes en herbe se levèrent dans un élan d'enthousiasme et se précipitèrent sur les deux crabes qu'ils se préparaient à dépecer en un clin-d'œil en jouant des doigts et du canif, (c'est leur manière de disséquer), mais j'arrêtai cette belle ardeur en leur représentant qu'ils ne feraient de nos sujets qu'une bouillie informe et qu'ils devaient avant tout me regarder opérer afin de pouvoir travailler utilement eux-mêmes dans quelque temps. Ils s'accoudèrent aussitôt curieusement sur la table le plus près possible des crabes et je repris mon explication tout en charcutant mes victimes.

Occupons-nous tout d'abord du système nerveux : contrairement à celui des animaux supérieurs il est situé chez les crustacés à la partie médiane de la face ventrale et se compose d'une double chaîne de ganglions dont le nombre répond au nombre d'articles composant le corps. La première paire est toujours située dans la tête, quant aux autres, leur disposition varie suivant les espèces d'animaux ; chez ceux que nous étudions, ils forment cette masse que vous apercevez ici, au milieu du thorax ; cette accumulation ganglionaire indique une organisation d'un degré assez élevé dans le monde des crustacés.

Ces petits corps blancs et mous que vous voyez des deux côtés du thorax, entre la carapace et la voûte des flancs sont les branchies : elles sont composées, et vous allez pouvoir vous en assurer avec le microscope, de petits feuillets extrêmement fins, étroitement serrés les uns contre les autres. Les mammifères aspirent et expirent indifféremment par le nez ou par la bouche, il n'en est pas de même chez le crabe qui possède deux ouvertures distinctes : une pour l'aspiration de l'eau à la naissance des pattes ; l'autre, pour l'expiration, aux côtés de la bouche. Les mouvements respiratoires ne peuvent pas être effectués par le thorax à cause de son enveloppe rigide, ils sont déterminés par un appendice valvulaire des maxillaires.

L'appareil digestif se compose d'un œsophage de

minime longueur et d'un estomac d'une surprenante capacité, portant de puissants appendices broyeurs. Le foie est remplacé par un amas de tubes capillaires, percés d'une seule ouverture, se déversant dans un canal cholédoque commun dont les ramifications débouchent de chaque côté de l'orifice du pylore. Les intestins se divisent en intestin grêle complet et gros intestin représenté seulement par le rectum.

La circulation a pour centre moteur un cœur artériel formé d'une seule cavité; des artères reçoivent le sang lancé par les contractions du cœur et le distribuent dans tout l'organisme, mais sans le secours des vaisseaux capillaires dont on ne retrouve aucune trace.

Le système veineux existe, mais à l'état rudimentaire; il n'a pas de parois propres et se compose de lacunes, laissées entre eux par les divers organes, recouvertes d'un tissu cellulaire fort mince. Ces lacunes portent le sang aux cavités de la base des pattes, d'où il pénètre dans les branchies pour recevoir le contact de l'oxygène.

Le plasma est spécialement le véhicule de ce gaz, ainsi que des substances nutritives. Le sang revient au cœur par des vaisseaux particuliers appelés branchio-cardiaques.

Les crabes, comme, du reste, tous les individus de la classe des crustacés, sont ovipares; la femelle pond, ainsi que je vous l'ai déjà dit, de 5 à 600 œufs, qu'elle transporte toujours avec elle dans le repli de l'abdomen jusqu'à l'époque de l'éclosion. Les petits des crustacés,

excepté pour les lernées, ne présentent pas les intéres-
santes métamorphoses qu'on observe dans d'autres familles
animales, les batraciens, par exemple.

Cette leçon terminée, nous convînmes, séance tenante,
d'organiser pour le lendemain une partie de pêche à la
crevette, mais cette fois-ci une partie sérieuse qui fourni-
rait, en même temps qu'un sujet d'étude à mes petits
naturalistes, une satisfaction beaucoup plus matérielle
aux appétits formidables que nous rapportons chaque jour
de la plage à la table de famille.

DEUXIÈME PARTIE DE PÊCHE

LA CREVETTE

La marée, variant tous les jours de trois quarts d'heure, nous partîmes ce matin-là vers six heures. Il tombait quelques gouttes de pluie, mais pour des pêcheurs aussi intrépides que nous l'étions tous trois, qu'est-ce qu'une petite ondée de poche comme celle-ci ? Une vigoureuse averse même ne nous aurait pas fait reculer, car, dit le proverbe :

> La pluie du matin n'effraie pas le pèlerin.

ce qui est vrai surtout à la marée baissante : la mer entraîne le mauvais temps, expliquent les matelots.

Et puis, on ne va pas pêcher en habit de soirée, nos costumes pouvaient supporter une légère douche sans en souffrir ; nous étions tous trois vêtus d'épais tricots de marins, de pantalons relevés au-dessus des genoux et chaussés d'espadrilles. Nos engins de pêche consistaient pour chacun en un grand filet en forme de demi-cercle (hémicycloïde, corrigeait Raoul qui finissait sa première année de grec et trouvait ce mot synthétique extrêmement élégant), un second filet beaucoup plus petit, analogue à une cuillère à pot, un panier fermé par un couvercle attaché en sautoir, et une petite bouteille d'alcali, car il n'est pas rare de rencontrer dans le sable ces dangereux petits poissons appelés des vives, dont la piqûre, si elle n'est pas soignée à temps, peut devenir mortelle. (Il est bon, quand on a été piqué de ne pas s'en tenir à l'emploi de l'alcali ; on l'applique provisoirement, le temps de courir chez un médecin ou un pharmacien).

Le grand filet est appelé pousseux par les pêcheurs du pays, son nom seul indique la manière de s'en servir ; on le pousse devant soi, à l'aide du long manche qui le supporte, sur le sable à l'entrée des vagues, et on le retire de temps en temps rempli de crevettes, de varechs, de sable et autres débris. Alors, avec le petit filet, on prend les crevettes pour les mettre dans le panier, et on rejette la pêche inutile dans l'eau ; il faut se garder toujours de plonger étourdiment la main dans ce fouillis ou de saisir les petits poissons qui frétillent au fond du filet : *on ne saurait trop se défier de la piqûre des vives.*

Cette recommandation bien faite à mes petits pêcheurs, nous nous mîmes à l'œuvre avec ardeur, et deux heures après, nous avions la satisfaction de rapporter triomphalement à la maison 350 grosses crevettes, qui tirent pousser des cris d'admiration aux paresseux, sortant tranquillement de leurs lits pour prendre le déjeûner du matin à l'heure où nous rentrions.

La crevette *(crangon vulgaris)*, appartient à la même famille que le crabe, malgré le peu de ressemblance que présentent ces deux individus; par conséquent, après la leçon que j'avais faite la veille sur son proche parent, il me restait peu à dire sur elle.

Je fis cependant remarquer à mes élèves que les anneaux de la carapace sont ici parfaitement distincts, et jouissent d'une extrême mobilité; mais la grande différence est surtout dans la disposition de l'abdomen. Il n'est pas replié comme chez le crabe, il offre, au contraire, un allongement considérable et, grâce à la nageoire qui le termine, sert de gouvernail à l'animal en même temps qu'il est un puissant agent de locomotion. La femelle se distingue du mâle par le développement plus considérable de la partie abdominale, c'est là qu'après la ponte, elle porte ses œufs jusqu'à l'éclosion des petites crevettes.

Le palémon ou salicoque *(astacus serratus)*, la langouste *(palinurus vulgaris)*, le homard *(homarus vulgaris)* répondant exactement aux descriptions précédentes, ne furent pas l'objet d'une étude particulière.

J'ajoutai, à l'intention de ma sœur, la mère des deux étudiants, qui assistait ce jour-là à la leçon, qu'une seule espèce crabe possède, dans nos contrées, la chair véritablement savoureuse, c'est le tourteau ou plus scientifiquement *platycarcinus pagurus*. Les autres présentent la chair blanche et molle des lapins du satirique, l'odeur est souvent nauséabonde, en somme c'est un mets détestable que les indigènes apprécient comme tel et qu'ils nous expédient, à nous naïfs habitants des villes avec un empressement sans égal ; quant aux tourteaux (j'entends ceux de petite taille) on n'en voit pas souvent apparaître sur nos marchés, la consommation se fait sur place.

J'indiquai ensuite aux enfants les moyens de faire la pêche aux salicoques, mais ces expéditions présentant trop de danger pour des gamins aussi turbulents je me bornai à la théorie, bien décidé, malgré leurs supplications, à ne pas leur montrer la pratique cette année-là.

Les salicoques ne se pêchent pas, comme les crevettes, sur le sable uni, mais, au contraire, dans les anfractuosités profondes des rochers. On emploie pour les prendre un filet nommé balance ou lanet, en forme de poche fixé autour d'un cercle de fer d'environ 50 centimètres de diamètre. L'appât, ordinairement des crabes écrasés, est maintenu au milieu du cercle par deux ficelles croisées ou bien encore attaché au fond du filet. Une longue perche portant un crochet recourbé pour retirer la balance des creux où elle est engagée, complète l'attirail pour la pêche aux salicoques.

LE BERNARD-L'ERMITE

En retirant les crevettes contenues dans les paniers, je découvris ce singulier petit coquillage d'où l'on voit émerger une tête et des pattes d'écrevisse minuscule. Aussitôt, cris d'étonnement et flot de questions de Raoul et de Georges occupés comme moi à compter notre pêche miraculeuse. Quand le calme fut un peu rétabli, je leur donnai l'explication de ce qu'ils prenaient pour une anomalie au même titre que les chiens à deux têtes ou les moutons à cinq pattes.

Ce petit crustacé, qui appartient à la classe Pagure et qu'on nomme Bernard-l'Ermite ou *pagurus bernhardus*, n'est pas, comme ses congénères, recouvert du test calcaire qui leur donne une si grande force de résistance. Son abdomen, revêtu d'une peau molle et ridée, le mettrait à la merci de tous les animaux ses voisins, si son instinct ne remédiait merveilleusement à cette disgrâce de la nature. Il s'approprie la coquille vide d'un mollusque, élit domicile dans cette maison ambulante qu'il promène avec lui jusqu'à ce que l'augmentation de sa taille le force à chercher une autre habitation ; il déménage ainsi plusieurs fois successivement jusqu'à ce qu'il ait atteint son entière croissance.

On remarque souvent sur la coquille du Bernard-l'Ermite une espèce particulière d'actinie (zoophyte), la sagartie parasite, qui préfère à tout autre lieu de résidence la maison du pagure.

Elle ne s'y établit pas toujours sans contestation, le propriétaire livre des combats homériques contre l'assaillant cramponné au-dessus de lui. Mais la sagartie s'attache si solidement que, de guerre lasse, Bernard se soumet à l'occupation du vainqueur et promène avec lui cet indiscret compagnon.

TROISIÈME PARTIE DE PÊCHE

L'HUITRE

Raoul et Georges ne sont pas seulement de fervents adeptes de la pêche aux rochers, ce sont aussi d'intrépides marcheurs qui promettent à l'armée française deux solides pousse-cailloux ; aussi, au lieu de passer nos journées sur la plage ou assis autour des petits chevaux, nous faisons souvent d'interminables promenades dans les villages pittoresques qui environnent la petite ville de St-Valery-en-Caux. Un jour, fatigués de parcourir continuellement les routes poudreuses ou détrempées suivant le temps, nous décidâmes d'aller visiter Veules, bourg situé à quelques kilomètres, en longeant le pied de la falaise, dans le sable et les rochers.

Pendant cette promenade que nous accomplîmes le plus rapidement possible, de crainte de la marée, le hasard fit trouver à Raoul, solidement fixée au rocher, une huître magnifique. A grand renforts de couteaux et de coups de pieds elle fut arrachée et disparut dans la poche de son heureux pêcheur. Aussitôt rentrés les deux écoliers vinrent s'installer dans ma chambre et je repris fort sérieusement mon rôle de professeur.

Des mœurs et des habitudes des huîtres, il n'y a rien à dire ; les peuples heureux n'ont pas d'histoire : si nous en croyons cette vieille maxime, le peuple acéphale doit jouir d'une félicité parfaite, car, à coup sûr, il jouit d'une tranquillité qui fait rêver dans notre dix-neuvième siècle. La causerie dut, par conséquent, se borner ce jour-là à sa partie exclusivement scientifique.

L'huître *(ostrea edulis)* appartient à l'embranchement des mollusques ou malacozoaires *(mollis*, mou, μαλαχος, *mou*; ζοον, animal) à la classe des acéphales (privatif χεφαλγ, tête) et à la sous-classe des lamellibranches *(lamella* de *lamina*, petite lame, *branchiæ*, βραγχια de βραγχος, gorge).

Le corps est entièrement renfermé dans une coquille bivalve qui sert de point d'insertion aux muscles de l'animal. Cette enveloppe, secrétée par une partie du corps appelée manteau, que nous verrons tout à l'heure, est formée de trois couches distinctes. La première, cuticule extérieure, porte le nom d'épiderme ; la seconde, dite couche calcifiée externe, est composée de petits prismes formés par des cellules à parois de conchyoline et remplies de carbonate de chaux ; la troisième, ou couche calcifiée interne, présente des lamelles superposées de conchyoline et de calcaire.

Ouvrons la coquille : elle porte dans le haut une espèce de charnière qui n'est autre qu'un filament musculeux servant à l'animal pour ouvrir ou fermer son logis.

Chez l'huître, le corps tout entier est enveloppé dans le manteau, sorte de repli formé par la peau molle et visqueuse, et qui secrète, outre la coquille, les filaments du byssus par lequel l'animal se fixe au rocher.

Remarquez que le corps de l'huître présente une région dorsale ou hématique renfermant les viscères et une région ventrale ou neurale où se trouve le système nerveux. Etudions d'abord la portion hématique et prenons l'appareil respiratoire : entre le manteau et le corps on trouve la chambre palléale dont les parois produisent les branchies, formées de quatre lames membraneuses (*lamellibranches*) présentant un nombre considérable de stries.

Presque au milieu de l'animal, voici le cœur : il est exclusivement artériel et formé de deux cavités, une oreillette et un ventricule donnant naissance à l'aorte ; celle-ci se ramifie, peu après son point de départ et envoie deux divisions de côtés différents. Quand les artères cessent, le sang est projeté dans des lacunes creusées dans l'épaisseur des organes, il revient ainsi dans la cavité péricardique et par un grand nombre d'ouvertures que présente le cœur, rentre dans l'oreillette. Le sang des mollusques se compose du plasma, agent locomoteur de l'oxygène et des substances de nutrition et d'une très petite quantité de globules incolores ; de récentes expériences ont démontré l'existence, dans le sang de quelques mollusques, de l'hémocyanine qui joue un rôle correspondant à celui de l'hémoglobine.

L'appareil digestif des mollusques présente une longueur considérable, en égard au corps de l'animal, il a la forme générale de la lettre U. La bouche, que vous pouvez apercevoir en soulevant le manteau, présente deux mâchoires, dépourvues de dents, au moyen desquelles l'animal saisit ses aliments; on y remarque aussi une langue recouverte de la radula, sorte de plaque hérissée de papilles siliceuses. De chaque côté du pharynx se trouvent les glandes à mucus, auxquelles on avait primitivement donné le nom impropre de glandes salivaires. L'estomac est assez développé en longueur et peu dilaté ; l'intestin s'y rattache, et, par une singulière disposition de la nature, la partie correspondant au rectum traverse l'unique ventricule du cœur. On considérait jadis comme analogues au foie les deux glandes qui versent leur produit dans la région du pylore, mais les expériences de Krukenberg et de Frédéricq ont démontré que le liquide secrété a toutes les propriétés du suc pancréatique. La partie terminale du tube digestif aboutit dans le voisinage de la bouche ; cette partie reçoit aussi le conduit de secrétion urinaire dont le liquide renferme une quantité assez considérable d'acide urique. Chez l'huître, que nous étudions spécialement, comme dans toute la classe des lamellibranches, cet appareil, dit appareil de Bojanus, est double.

Prenons maintenant la partie neurale ou ventrale qui contient le système nerveux formé de ganglions communiquant entre eux par des prolongements filiformes. L'encéphale, chez les mollusques, est représenté par le ganglion cérébroïde, organe percevant les impressions et présidant à l'incitation motrice; ses prolongements périphériques, sortes de nerfs, vont aux organes des sens : aux yeux qui sont en nombre considérable sur les bords du manteau; au toucher réparti sur tout le corps, etc., etc. Les autres ganglions sont : le ganglion pédieux, essentiellement moteur; le ganglion pariéto-splanchnique, spécialement consacré aux organes de la vie végétative. Chez les acéphales, le ganglion pédieux est atrophié.

Les mollusques, huîtres, moules, etc., sont hermaphrodites et ovipares; tantôt les œufs éclosent au dehors, tantôt dans l'intérieur de l'animal, ce qui avait fait supposer d'abord que certaines espèces avaient la propriété de mettre au monde des petits vivants. Comme les crustacés, les petits des mollusques ne subissent pas de métamorphoses.

C'est une espèce particulière d'huître appelée aronde ou pintadine *(pintadina margaritifera)* qui fournit les perles fines. Ces perles sont simplement une excroissance de la coquille revêtue de la couche nacrée interne. Les Chinois ont imaginé de forcer les pintadines à fournir des perles en quantité plus considérable : ils percent la coquille de l'huître de plusieurs fils de fer et remettent l'animal dans l'eau ; au bout de quelque temps, des dépôts nacrés, qui ne sont autres que des perles, se sont formés à la pointe de chaque fil, l'huître est alors repêchée et les perles ainsi fabriquées sont vendues avec la même valeur que les véritables, produites naturellement. Il ne faut cependant pas confondre ces perles, faites quand même de la substance de l'huître, avec celles qu'on fabrique dans le commerce. Ces dernières sont simplement la dissolution dans l'ammoniaque des écailles du petit poisson nommé ablette, mêlée à une petite quantité de colle de poisson, et coulée dans de petits globules de verre creux.

Les huîtres se trouvent réunies par bancs : on les pêche avec une drague ou filet à mailles de fer, qui, promené sur les rochers, en arrache ces animaux par quantités quelquefois très considérables. Les huîtres ne sont pas livrées à la consommation immédiatement après cette première pêche : on les transporte dans des parcs, sortes de bassins contenant une faible quantité d'eau souvent renouvelée, où elles achèvent de se développer et de prendre la forme exigée pour le commerce. Au bout d'un certain temps, plus ou moins long, suivant l'espèce d'huîtres ou la disposition du parc, on les repêche définitivement pour les livrer aux consommateurs.

Il est important de ne pas confondre le parcage, qui remonte à l'antiquité romaine, avec une invention nouvelle : l'ostéiculture, due à M. Coste, le célèbre embryogéniste français. Pour le parcage, on prend les huîtres adultes; pour l'ostéiculture, on recueille le frai par des moyens artificiels et on le cultive jusqu'au complet développement de l'animal qui a lieu généralement au bout de trois années.

Il y a, chez les huîtres, comme dans toutes les autres classes d'animaux, un grand nombre de variétés dont les plus connues en France sont :

L'huître commune (*ostrea edulis*) le type du genre, qu'on rencontre dans la Manche et surtout l'Océan ;

Le pied-de-cheval (*ostrea hippopus*) qui existe également dans la Manche et l'Océan ;

L'huître cuillère (*ostrea cochlear*), le polacestion (*ostrea lacteola*), l'ostrea cristata, l'huître lamelleuse (*ostrea rosacea*), l'huître de Toulon (*ostrea stentina*), appartenant toutes à la Méditerranée.

Les moules (*mytilus edulis*) que nous rencontrons si nombreuses sur les rochers, les coquilles de St-Jacques (*pecten jacobeus*), les peignes (*pecten maximus, pecten opercularis*, etc,), appartenant à la même famille, classe et sous-classe que l'huître, ne seront pas l'objet d'une leçon spéciale.

A propos de la moule, il est bon de remarquer que ce coquillage produit quelquefois un pseudo-empoisonnement : on attribue cette propriété accidentelle au frai d'astérie que les moules absorbent parfois sur le rivage, ou bien encore au petit crabe pinnothère qui, chaque automne, se loge dans leur coquille. Les symptômes les plus ordinaires de cette indisposition sont des douleurs d'estomac, des nausées et surtout de violentes démangeaisons à la peau. Il suffit la plupart du temps, pour enrayer le mal, de se faire vomir, soit en chatouillant la luette avec une barbe de plume, soit en avalant de l'eau tiède ou en prenant de l'émétique, et de se tenir au lit pendant une journée à la diète absolue. Si après ce traitement, les symptômes d'empoisonnement continuaient à se produire, il ne faudrait pas hésiter à appeler le médecin.

QUATRIÈME PARTIE DE PÊCHE

—

LE VIGNOT

Une fois sur le chapitre des mollusques, nous ne pouvions plus nous arrêter en si beau chemin ; il est un petit individu de la même famille fort intéressant, surtout au point de vue comestible et qu'on trouve en quantité considérable dans les rochers : c'est le vignot. Sans plus tarder, il fallut aller faire une hécatombe de l'innocent gastéropode. La pêche en est des plus faciles ; il suffit de se baisser un nombre respectable de fois pour en ramasser sur les varechs, sur les rochers, partout ; on en recueille ainsi par centaines.

Quoique appartenant aux mollusques, le vignot présente un organisme d'un degré plus élevé que l'huître et la moule. Il est, comme l'indique le nom générique de sa classe (gastéropode, γαστηρ ventre, πους, ποδος, pied), pourvu d'un appareil locomoteur ; son corps est renfermé dans une coquille univalve. Cette coquille présente la forme d'une spirale parfaitement enroulée ; l'entrée en est fermée par un petit disque brun, corné, attenant au pied, qu'on nomme opercule. Sortons maintenant l'animal de son domicile : le corps est mou, allongé, mais enroulé comme la coquille en forme spiralique. La tête est très apparente et porte les tentacules et l'appareil buccal. Comme chez les acéphales on remarque le manteau, mais au lieu d'envelopper complétement le corps de l'animal il ne recouvre qu'une partie du dos. Cette partie dorsale renferme les viscères et reste toujours couverte par la coquille ; il est inutile de recommencer ici la description des appareils respiratoire, digestif, circulatoire qui sont, à peu de chose près, les mêmes que dans les autres classes mollusques.

Remarquez cependant la place de chacun des organes ; commençons, si vous voulez, par l'appareil de la respiration. Les branchies sont renfermées dans une sorte de chambre palléale sur le dos du vignot, l'air y pénètre par une ouverture placée sous le repli extérieur du manteau ; une quantité de vaisseaux sanguins aboutissant à cette cavité permet à l'oxygène de se répandre dans l'organisme. L'appareil digestif est à peu près le même que chez les lamellibranches, il affecte la forme d'un U, l'anus aboutissant à une faible distance de la cavité buccale. Le mode de circulation est absolument le même que celui précédemment étudié ; il se fait par des vaisseaux à parois propres qui représentent les artères et par des lacunes remplaçant les veines.

L'appareil urinaire présente cette différence avec celui des lamellibranches qu'il est simple au lieu d'être double.

La partie ventrale ou neurale qui porte l'organe de reptation appelé pied, renferme le système nerveux ganglionnaire sur lequel nous n'avons plus à insister.

A cette classe et à la division des pectinibranches appartient aussi la *Nassa reticulata*, vulgairement connue sous le nom de courmailleau ou encore de vignot blanc.

CINQUIÈME PARTIE DE PÊCHE

—

L'ÉQUILLE

Il y avait encore un genre de pêche que nous n'avions pas inauguré : il est extrêmement pénible, et, pour cette raison, j'avais longtemps hésité avant d'entraîner mes neveux à cette fatigante récréation. Ils sont cependant d'une vigueur extraordinaire pour leur âge, et, en somme, les courbatures qui suivent cette partie de pêche, quand on travaille consciencieusement, ne sont pas plus dangereuses pour des lycéens en vacances que pour les gamins du pays. Toutes réflexions faites, je les emmenai une après-midi, armés de solides tridents, à la recherche d'une friture d'équilles pour le soir. Leurs débuts ne furent pas brillants, car cet exercice demande une grande souplesse et une certaine habitude ; la souplesse ne leur manquait pas, mais ils étaient loin d'être suffisamment exercés ; aussi Georges, le plus vif et le plus étourdi des deux frères, commença par nous offrir un spectacle qui eut un succès de fou rire. A peine sur le sable, il s'était mis à bêcher vigoureusement, il travaillait depuis quelques minutes sans résultat, lorsque tout à coup une équille glisse entre les dents de sa fourche : l'impétueux garçon se précipite, mais il met le pied sur l'endroit fraîchement remué, glisse et tombe dans la bouillie ; il se relève aussitôt, mais transformé en un marron glacé, grâce au sable fin et mouillé qui s'était collé sur son costume de tricot brun, sur sa figure hâlée, sur son béret, partout ! Eclat de rire unanime parmi tous les pêcheurs qui nous entouraient ! ce fut un coup de fouet donné au besoin inné chez ce gamin de faire le clown. En un clin d'œil, il eut ramassé une poignée de varechs, dont il s'entoura le cou, qu'il attacha à sa coiffure, à son pantalon ; puis brandissant majestueusement son trident, il déclara être Neptune, sorti des profondeurs de son empire, où il règne en silence depuis des siècles, pour honorer la bonne et féale ville de Saint-Valery.

J'interrompis cette plaisanterie qui menaçait de prendre les proportions d'une parade, mais je n'étais pas au bout de mes tribulations de bonne d'enfant, Georges avait ce jour-là une frénésie de faire des sottises. Avant que j'aie eu le temps de m'opposer à son dessein, il s'étendit dans un petit lac assez profond entre deux rochers, sous prétexte de nettoyer son costume ; j'eus assez de peine à le tirer de cette baignoire improvisée et quand il en fut sorti trempé des pieds à la tête, force nous fut de rentrer à la maison. J'avais heureusement trouvé le temps de ramasser quelques équilles et nous passâmes tranquillement le reste de la journée à les étudier.

L'équille appartient, vous le constatez sans peine, à la classe des poissons et à l'ordre des Malacoptérygiens apodes (μαλακος, mou, πτερον, aile ou nageoire, et α privatif πους, gén. ποδος, pied). Comme l'indique cette désignation, apode, elle est absolument dépourvue de nageoire ventrale et des parties épineuses de la nageoire dorsale.

Examinons d'abord sa forme extérieure; comme les anguilles, ses congénères, l'équille a le corps mou et allongé; son museau, très pointu, lui sert à creuser le sable où elle se glisse avec une si grande rapidité; elle n'est pas recouverte d'écailles et doit sa belle couleur argentée à de petites lamelles d'apparence métallique produite dans le derme. Les équilles ne portent que quatre nageoires, les deux pectorales au-dessous de l'ouverture des ouïes; la nageoire dorsale, peu développée, qui suit toute la ligne médiane du corps, enfin la queue ou nageoire caudale dont la position est verticale.

Cette disposition de la queue présente, d'ailleurs, un moyen sûr de distinguer à première vue un poissson de grande taille d'un cétacé; chez le poisson elle est toujours verticale, et chez le cétacé toujours horizontale.

Disséquons maintenant le sujet : nous nous arrêterons peu à l'étude du squelette, ce serait perdre inutilement

notre temps, vous le connaissez pour l'avoir vu souvent
sur votre assiette. Remarquez cependant qu'il est osseux,
mais d'une composition chimique autre que celui des
mammifères et des oiseaux.

Les os de ceux-ci débarrassés de leur partie minérale
par l'action de l'acide chlorhydrique (H Cl) donnent de
l'osséine qui, soumise à l'influence de l'eau bouillante se
tranforme en gélatine, tandis que les os des poissons
fournissent une autre matière organique nommée chon-
drine. Les vertèbres, vous l'avez sans doute déjà
remarqué, sont biconcaves et leurs cavités sont remplies
d'une substance molle et gélatineuse qui paraît destinée
à remplir la fonction des disques intervertébraux.

La tête, jointe au corps par un condyle occipital
unique présente un nombre considérable d'os, dont une
partie sont articulés entre eux par synarthrose et absolument immobiles ; en cela, du reste, ils sont semblables
aux os de la boîte crânienne chez les animaux supérieurs.

Les os soudés sont : les maxillaires, l'os lingual,
l'opercule, l'appareil hyoïdien, les pharyngiens, les arcs
branchiaux, etc.

Passons au système nerveux : il comprend un système
cérébro-spinal et un grand sympathique. L'encéphale des
poissons se compose de trois parties parfaitement
distinctes ; on y trouve, en allant d'avant en arrière,
d'adord les lobes olfactifs, puis les lobes cérébraux, les
corps optiques, le cervelet, très peu développé, la moelle

allongée, puis vient la moelle épinière d'où partent les prolongements périphériques.

Les organes sensoriels ont beaucoup de rapport avec ceux des animaux supérieurs, mais ils sont modifiés en raison du milieu où vit le poisson. Prenons d'abord l'œil qui, chez notre sujet, est extrêmement petit, et examinons-le avec cette loupe dont le grossissement est considérable; le cristallin, destiné à recevoir des rayons lumineux déformés par leur passage dans l'eau présente la forme sphérique; la pupille est extrêmement dilatée comme il arrive quand on regarde dans un endroit où la lumière n'est pas suffisante; enfin, il n'y a aucune trace de paupières ni d'appareil lacrymal.

L'odorat parait être fort peu sensible; il consiste en deux petites narines tapissées d'une membrane pituitaire et se terminant en cul-de-sac.

L'oreille n'offre pas non plus la complication de celle des mammifères; on n'y remarque ni le pavillon, ni l'oreille moyenne, elle se réduit au labyrinthe dont la membrane reçoit les ramifications du nerf auditif.

Le goût ne doit pas non plus être bien développé quoique la langue présente de nombreuses papilles gustatives, mais elle est traversée par les aliments avec une telle rapidité que l'impression ne peut être que très obtuse.

Le toucher se fait par toutes les parties du corps, mais on peut observer chez les poissons les organes spécialement tactiles du sixième sens, s'étendant de la queue à l'extrémité de la tête : ce sont des papilles desservies par des nerfs logés dans des espèces de canaux disposés longitudinalement.

La respiration se fait dans les branchies fixées, au nombre de quatre, sur le bord extérieur des arcs branchiaux ; l'eau, tenant l'air en dissolution, pénètre par la cavité buccale et sort par les ouïes ; le poisson effectue ce mouvement d'expiration en soulevant les opercules. Les équilles peuvent vivre assez longtemps hors de l'eau, à cause du développement peu considérable des ouïes, disposition qui empêche · l'évaporation rapide de la surface branchiale et retarde d'autant l'asphyxie.

La circulation a pour organe moteur un cœur veineux, composé de deux cavités : une oreillette et un ventricule ; la partie gauche, répondant à la seconde moitié du cœur des mammifères, est représentée par le vaisseau dorsal. Vous pouvez facilement apercevoir le cœur situé sous la gorge ; au-dessus du ventricule, voici le bulbe artériel, et, lui faisant suite, l'artère branchiale qui porte le sang noir aux branchies où il se distribue dans des vaisseaux capillaires d'une extrême ténuité. L'oxygénation accomplie, le sang rouge revient au canal dorsal par les vaisseaux des branchies et de là se distribue à toutes les parties du corps. A la fin du cercle circulatoire, le sang veineux se rend dans le sinus placé au-dessous de l'oreillette et rentre dans le cœur. Cette rentrée ne se fait cependant pas intégralement, le sang veineux des intestins avant de revenir au sinus est conduit au foie par l'entremise de la veine porte. Le sang est rouge et froid ; ses globules sont elliptiques comme ceux des oiseaux et des batraciens, leurs dimensions sont beaucoup plus considérables que chez les mammifères.

En dernier lieu, il nous reste à voir l'appareil digestif ; examinons d'abord la première dilatation : la bouche. Les mâchoires portent des dents préhensiles destinées beaucoup plus à saisir et retenir la proie qu'à la diviser ; à l'intérieur de la cavité on rencontre encore une autre espèce de dents garnissant les fentes branchiales pour en interdire l'entrée aux aliments.

La langue n'est pas, chez les poissons, le siège du goût ; il paraît résider spécialement dans la muqueuse du palais où l'on observe les petites papilles dites gustatives ; nous avons déjà dit que ce sens doit être peu délicat à cause de l'extrême rapidité avec laquelle les aliments sont avalés. On a observé également à la voûte palatine, un organe desservi par une quantité de nerfs, qu'on croit être une glande salivaire.

L'œsophage est très court et très dilaté ; il présente à peu près la même largeur que l'estomac. Le foie et le pancréas offrent un volume considérable, eu égard au corps de l'animal, ils sont composés de tissus extrêmement lâches et mous, imprégnés d'une quantité considérable de matières huileuses. Le système lymphatique est complet et déverse les produits utiles de la digestion dans le voisinage du cœur ; les résidus inutiles sont expulsés par l'anus situé sous la nageoire caudale.

L'appareil digestif communique au pharynx avec la vessie natatoire dont le rôle est purement mécanique : par sa plus ou moins grande dilatation, elle augmente ou diminue à volonté le poids spécifique du poisson et facilite ainsi ses mouvements dans l'eau.

L'appareil de secrétion se compose des reins qui occupent toute la longueur de l'abdomen, des deux canaux excréteurs et d'une vessie dont le conduit externe s'ouvre près de l'anus.

Les équilles, comme tous les poissons, sont ovipares, leur reproduction se fait dans des proportions considérables, mais leur petite taille est un péril permanent et elles deviennent en grand nombre la proie des autres poissons et surtout celle des crustacés.

SIXIÈME PARTIE DE PÊCHE

—

L'ASTÉRIE

L'ambition de mes élèves avait toujours été de ramasser des étoiles de mer, malheureusement elles sont fort peu abondantes à Saint-Valery et il ne nous avait pas encore été donné d'en rencontrer une. Nous étions à la fin des vacances et résignés à repartir avec cette place encore vide dans notre collection, lorsqu'un matin je rencontrai un petit pêcheur qui venait apporter au chalet sa récolte de moules et tout au-dessus de son panier j'aperçus, ò surprise, la bienheureuse astérie. Sans plus tarder je tirai de mon gousset une pièce de cinquante centimes que je remis à l'enfant, stupéfait de voir payer si cher cet animal inutile, et je portai triomphalement mon butin à mes neveux réunis dans la salle d'étude. Ce furent d'abord des exclamations de joie à n'en plus finir. Et lorsque la tempête fut un peu apaisée, nous nous mîmes avec ardeur à étudier l'objet de nos rêves.

Les astéries appartiennent à l'embranchement des zoophytes (ζοον animal, φυτου plante), aux actinozoaires (ακτιν rayon de soleil, ζοον animal, de Ducrotès de Blainville), et à la classe des échinodermes, εχινος (hérisson, δερμα peau). Celle-ci est la plus commune, c'est l'*astérus rubens*. Remarquez d'abord qu'au lieu d'avoir comme chez le reste du règne animal, un corps à symétrie bilatérale, elles présentent tous leurs organes rayonnant autour d'un axe central, de là le nom de rayonnés qui leur est aussi appliqué. La forme extérieure de l'animal est évidemment celle d'une étoile à cinq pointes, d'un dessin parfaitement régulier. Une grave erreur, fort commune pourtant, fait considérer les rayons comme les pattes gigantesques d'un corps relativement petit, gardez-vous bien de répéter jamais cette hérésie scientifique : ces espèces d'appendices font partie intégrante du corps de l'animal.

Les véritables organes locomoteurs des astéries sont les petits tentacules qui garnissent, en quantité si considérable, la partie inférieure du corps.

L'organisation intérieure des échinodermes est beaucoup plus simple que toutes celles que nous avons étudiées précédemment. Le système nerveux est très rudimentaire : c'est un simple filet circulaire d'où partent des prolongements périphériques se distribuant dans l'organisme; on ne leur connaît point d'appareils sensoriels, cependant quelques naturalistes, entre autres Ehrenberg, ont voulu prendre pour des yeux de petits globules transparents, entourés d'une sorte de membrane rougeâtre qui leur paraissaient avoir quelque rapport avec l'organe visuel des classes plus élevées.

L'appareil digestif ne présente qu'une seule ouverture servant à la fois à l'ingestion des aliments et à l'expulsion des matières excrémentitielles. Il offre cette disposition particulière appelée phlébentérisme qui confond en quelque sorte la digestion avec la circulation : le sac stomacal est entouré d'appendices ramifiés qui portent directement les produits nutritifs de la digestion dans les différentes parties du corps.

Les astéries sont carnivores ; elles mangent indifféremment les animaux morts ou vivants, mais leur nourriture ordinaire consiste surtout en mollusques.

L'appareil de la circulation est extrêmement élémentaire : il se compose d'un vaisseau moteur; sorte de cœur allongé d'où partent les canaux ramifiés qui portent dans les organes une espèce de sang incolore assez analogue au plasma. D'autres vaisseaux, dits aquifères, se rattachent plutôt à l'acte respiratoire qu'à la circulation : ils ont pour mission, et leur nom l'indique, de porter l'eau dans l'intérieur du corps où s'accomplit l'oxygénation.

Les étoiles de mer sont ovipares « au printemps et au commencement de l'été, leurs ovaires se gonflent considérablement »; elles jettent leur frai dans des lieux convenables, et surtout sur les plages sablonneuses exposées aux rayons solaires ; c'est ce frai qui, dit-on, rend les moules dangereuses à manger à une certaine époque de l'année. Sur les rivages où elles sont très-abondantes on les ramasse pour fumer la terre : c'est le seul avantage que l'homme ait su en tirer. (*Encyclopédie d'histoire naturelle*).

LES ALGUES

On était à la fin du mois d'août, et, grâce à un temps magnifique, la plage était encore fort animée ; la saison promettait de se prolonger encore brillante jusque bien avant en septembre, mais le Règlement du Casino (oh ! le Règlement ! partout et toujours un trouble fête !!) supprimait l'orchestre le dernier dimanche d'août, et nous y étions à ce dernier dimanche : c'était le grand bal d'adieu ! après quoi nous ne devions plus danser qu'aux faibles accords d'un modeste piano. Mais il promettait d'être splendide, ce bal de consolation, aussi à peine huit heures sonnées j'avais prestement quitté la table de famille pour courir au Casino.

Après avoir pris au café, le bock de rigueur, je me dirigeais plein d'entrain vers la salle des fêtes, lorsque je réfléchis que j'avais dans ma poche des gants d'une fraîcheur fort relative, peu en harmonie avec les splendides toilettes qui tourbillonnaient déjà, en nombre imposant, dans le salon. Je partis au galop pour en changer : comme je n'avais pas de temps à perdre, je passai sans entrer devant la salle où j'entendais jouer la demi-douzaine de marmots que le ciel m'a accordés comme neveux et nièces et j'enfilai l'escalier extérieur du chalet. Je ne fus pas peu surpris, en arrivant sur le balcon, d'entendre dans ma chambre un bruit de pas assourdis, de tiroirs tirés avec précaution, de clefs introduites doucement dans les serrures. « Tiens, tiens, pensai-je, et les honnêtes Saint-Valericais qui prétendent qu'il n'y a pas de voleurs chez eux » !

Croyant avoir affaire à de hardis filous, j'ouvris brusquement la porte et..... Raoul et Georges, sursautant à ce mouvement inattendu, tournèrent vers moi leurs mines rouges et décontenancées.

— Qu'est-ce que vous bouleversez donc ainsi chez moi? fis-je tout stupéfait de cette indiscrétion inaccoutumée.

— Oh ! mon oncle, je t'assure, c'est la première fois, s'écria vivement Raoul, ne dis pas à maman que tu nous as trouvés ici ; toi, tu ne nous gronderas pas pour cela, nous cherchions des pipes.

— Des pipes! Et pourquoi faire? Vous ne fumez pas, j'imagine?

— Mais si, mon oncle, ou plutôt nous allions essayer de fumer; regarde le joli tabac.

En dépit de ses prévisions, j'allais le gronder vertement de cette tentative, lorsqu'il me tira de sa poche une poignée du fameux tabac..... Je ne pus retenir un éclat de rire! Les deux coupables me regardèrent d'un air ahuri.

— Si c'est là votre tabac, leur déclarai-je riant toujours, il n'y a pas grand mal; mais vous n'avez pas besoin de mes pipes pour le fumer !

Les malheureux avaient bourré leurs poches de varech séché et préparé, découvert dans un vieux matelas éventré

En deux mots, je leur expliquai leur erreur, en leur promettant, pour le lendemain, de plus amples informations ; et après avoir tiré, non sans peine, une paire de gants de mes tiroirs sens dessus dessous, je repartis en toute hâte prendre ma place parmi les danseurs forcenés qui profitaient gaiement de la dernière nuit de l'orchestre.

Il était plus de cinq heures du matin lorsque je rentrai, harassé, sans avoir manqué une seule danse, et je me promettais de faire ce jour-là grasse matinée ; mais l'oncle propose, les neveux disposent ; à sept heures, mes deux fumeurs de pipes faisaient irruption dans ma chambre, réclamant leur leçon de botanique. J'étais pris, il fallait s'exécuter ; je le fis sans trop de mauvaise grâce ; et, tout en demandant à ces messieurs le temps de m'habiller, je les envoyai recueillir sur la plage toutes les espèces de varechs qu'ils pourraient rencontrer. Ils furent bientôt de retour avec une volumineuse récolte, et je dus, séance tenante, commencer l'explication.

Les algues ou varechs sont des plantes marines de l'embranchement des acotylédones (α privatif, κοτυλη, cave) et du groupe des cryptogames (κρυπτω, je cache, γαμος, noces), amphygènes (αμφι, doublement, γεινομαι, naître) ou cellulaires. Cette espèce sert de trait d'union entre les animaux inférieurs et les végétaux, car ses zoospores (ζοου, animal, σπορα, graine), sont doués de vie et de mouvement pendant la première partie de leur existence.

On les voit s'agiter dans l'eau à l'aide de leurs cils vibratiles, absolument comme pourraient le faire des volvoces ou des trichodes (infusoires), puis, au bout de quelque temps, ces mêmes cils s'enfoncent dans le rocher, la plante germe, et ne vit plus désormais que de la vie végétale.

Voici une de ces plantes arrivée à son parfait développement, examinez-la bien : d'abord, vous n'y verrez pas, comme chez les végétaux terrestres, des racines, des feuilles, des fruits. Ce qui représente ici la racine n'est que le pied qui fixe l'algue au rocher, il ne lui sert nullement à pomper les substances nutritives. Cependant il faut qu'elle absorbe pour vivre; eh bien, cette fonction se fait par toutes les parties et avec une intensité beaucoup plus grande que dans les plantes terrestres.

Beaucoup de personnes prennent pour des feuilles ces découpures variées que vous observez dans le varech, et pour des fruits les petites capsules que vous vous êtes si souvent amusés à faire éclater sous vos doigts; c'est une erreur grossière, car d'où viendraient alors les noms d'acotylédones, de cryptogames ? Les découpures son[t] parties intégrantes de l'algue, formées des même[s] éléments, du même tissu cellulaire lâche et allongé; elles ne présentent pas, comme les feuilles des arbres, une structure particulière et une coloration spéciale.

Les petites capsules sont des vessies natatoires de ces végétaux ; ce sont elles, qui remplies d'air, soutiennent la plante dans une position verticale au lieu de la laisser couchée sur le rocher comme cela arrive à la marée basse.

Il ne faut pas confondre ces vésicules, exclusivement aériennes avec les sporanges et les anthéridies qui renferment les zoospores et les anthérozoïdes, organes reproducteurs mâles et femelles de la famille des algues.

Il y a un nombre considérable d'espèces de varechs, différant entre elles par la forme, la couleur, les conditions d'existence, etc.

Les espèces les plus utiles à l'homme sont : le *fucus helminthocorton*, plante officinale, employée comme vermifuge ; le *fucus cosmosus*, qui, séché et divisé en minces lanières, est d'un grand usage pour fabriquer des matelats, rembourrer des meubles, etc.; le *fucus saccharinus*, que les pêcheurs irlandais accommodent en guise de salade; le *fucus vesiculosus*, préconisé contre l'obésité; le *fucus serratus,* dont on extrait l'iode; le *durvillœa utilis*, employé comme aliment dans quelques contrées de l'Amérique du Sud, enfin l'*ulva lactuca* qui entre pour une grande partie dans la composition des fameux nids d'hirondelles salanganes, si fort appréciés des Chinois.

On se sert indifféremment de toutes sortes d'algues pour engraisser les terres ; il en est de même pour la fabrication de la soude. Cette industrie est de la plus grande simplicité, du moins pour la production des soudes dites naturelles : on fait brûler les plantes marines pendant plusieurs jours dans des fossés à demi pleins; les cendres refroidies après avoir été portées à une température voisine de la fusion, forment des agglomérations brunâtres et sont, sous cette forme, livrées au commerce. Aujourd'hui, l'emploi des soudes naturelles a, dans beaucoup d'endroits, cédé le pas à celui des soudes artificielles, dont la découverte est due à Leblanc, chimiste français de la fin du dix-huitième siècle.

Cette leçon fut la dernière des vacances ; et trois semaines après je reconduisais Raoul et Georges l'œil morne maintenant et la tête baissée jusqu'au parloir du lycée Louis-le-Grand.

En me quittant, ils me promirent avec ferveur de remporter, chacun dans leur classe, le prix d'histoire naturelle. « Et l'année prochaine, mon oncle, ajouta le prévoyant Raoul, qu'est-ce que nous étudierons d'*après nature* ? — « L'année prochaine, répondis-je confidentiellement, si vous avez des prix, votre mère vous donnera de petits fusils de chasse, je vous apprendrai à tirer, et puis nous étudierons le gibier comme cette année les produits de notre pêche..... Mais des prix surtout ! sinon pas de fusils ! »

Les deux turbulents garçons ne m'écoutaient plus, tous les regrets des vacances s'étaient évanouis au mot magique de fusils et ils disparurent avec un bond de joie.

Voilà certes une rentrée comme je vous en souhaite à tous, mes jeunes lecteurs ; à vous surtout, potaches, mes camarades d'antan, qui voyez de si mauvais œil se rouvrir les portes du collège ou du lycée.

Quant aux jeunes demoiselles, j'ai entendu dire qu'elles se remettent toujours au travail de bon cœur.

TABLE DES MATIÈRES

Saint-Valery-en-Caux, Imp. E. Danican

9 782329 680637